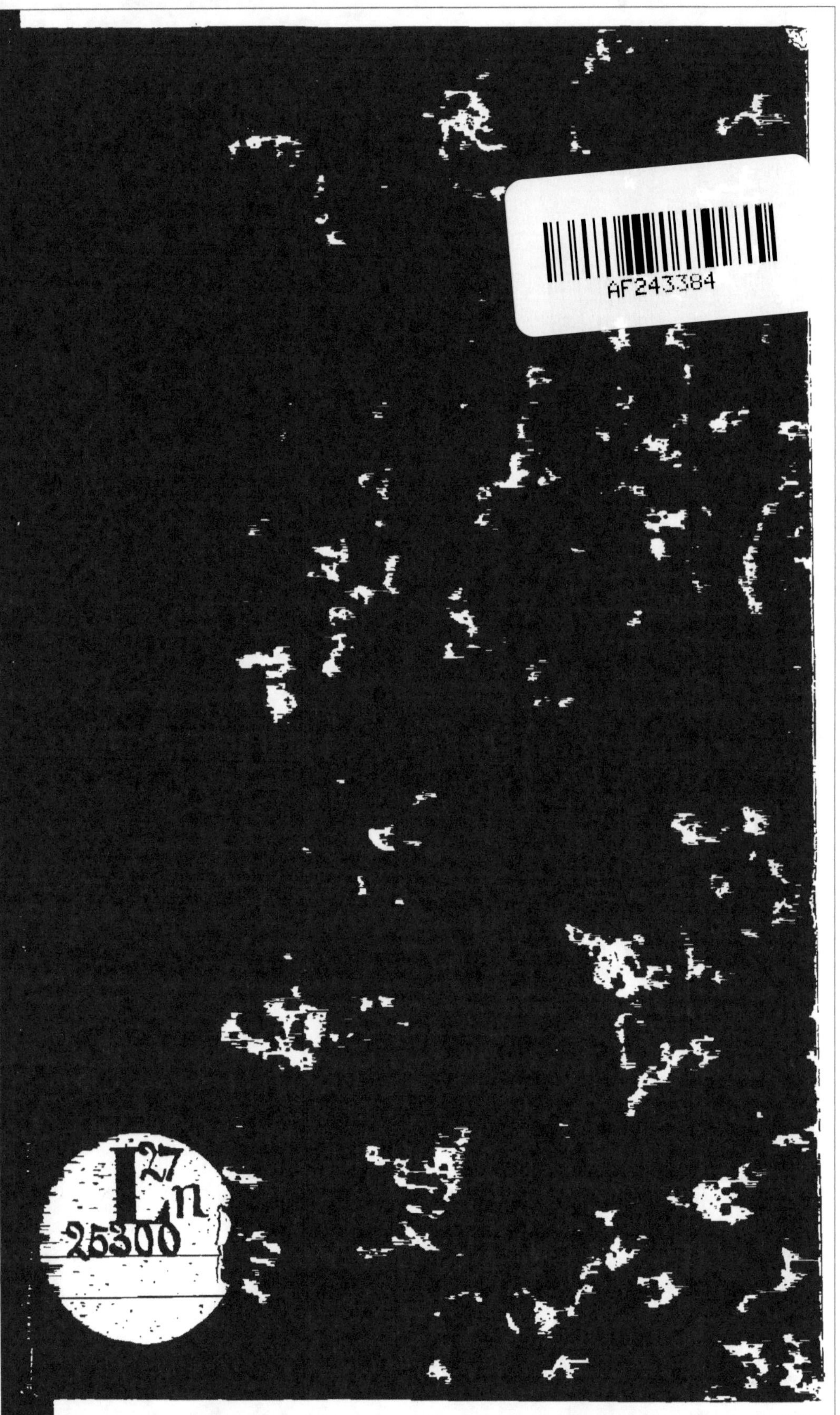
AF243384

NOTICE

SUR

SAINTE BERTILLE

PATRONNE DE MARŒUIL,

AU DIOCÈSE D'ARRAS,

SUR SES PRÉCIEUSES RELIQUES

ET SON CULTE.

VERSAILLES

BEAU, IMPRIMEUR-LIBRAIRE

Rue de l'Orangerie, 36.

—

1869

PIEUX RÉCITS

DÉDIÉS A M. GRUEL,

Curé de Marœuil,

Par son très-humble serviteur et affectionné confrère,

L. G. ch. de Notre-Dame de Paris.

VIE

DE

SAINTE BERTILLE

INSCRITE DANS LE MARTYROLOGE ROMAIN

Au 3 janvier

FÊTÉE DANS LE DIOCÈSE D'ARRAS

Le 8 octobre.

—❖—

PROLOGUE

Quiconque visite la ville d'Arras, ancienne capitale de l'Artois, nommée au moyen âge *Nemetacum*, ville principale de la contrée habitée par les Atrebates, est heureux de faire une pieuse excursion au village de Marœuil, où l'on honore les restes de sainte Bertille, considérée comme fondatrice de l'abbaye de ce nom, patronne de ce lieu et même de toute la Flandre française. Sa légende est éditée dans Bollandus, t. 1ᵉʳ, p. 156, ainsi que dans Ghesquière

(*Acta SS. Belgii selecta*), t. v, p. 232, et autres hagiographes moins anciens.

Bertille eut pour aïeux les princes Francs alliés aux rois Mérovingiens, possesseurs de l'Artois et de la Flandre française, après la conquête du royaume par Clovis. Elle naquit à la fin du vɪe siècle, vers l'an 596. Son père, Ricomer, seigneur des Atrebates, jouissait d'une immense fortune et d'un rang on ne peut plus distingué ; sa mère, sainte Gertrude, fille de Théodebalde ou Théobald, chef de ces mêmes peuples et duc de Douai, fut la souche de toute une famille de saints, dont Bertille devait devenir l'une des plus illustres. En effet, outre Bertille, l'Église honore saint Adalbade, petit-fils de sainte Gertrude, lequel, s'étant marié à sainte Rictrude, eut de son mariage quatre enfants, savoir : saint Morand, sainte Clotsende, sainte Eusébie et sainte Adalsende.

Il serait difficile de raconter avec un détail précis la vie de sainte Bertille, nul historien n'ayant signalé d'une manière très-spéciale les événements qui la concernent. Comment remonter à ces époques si fertiles en vertus, mais si troublées par les guerres, les ambitions de princes idolâtres et barbares qui se disputaient les territoires, pillaient les fermes, les châteaux, les églises, les monastères pendant tout le moyen âge, préludes des malheurs que causèrent ensuite à la France les incursions des Normands, les invasions de l'Angleterre, les luttes sanglantes avec l'Espagne ?

Pour la plupart des contrées victimes de tant de déprédations et de désordres, la tradition fut longtemps le seul moyen de transmettre les souvenirs. Les pères racontaient à leurs enfants ce qu'ils avaient appris eux-mêmes de leurs ancêtres, leurs regrets, leurs douleurs, les noms, les actes soit de leurs ennemis, soit de leurs bienfaiteurs ; quelques écrits circulaient, mais au milieu d'une foule ignorante, sans moyen d'être reproduits d'ailleurs , puisque l'imprimerie n'existait pas encore. La mémoire des saints ne cessa pas cependant d'être honorée, liée qu'elle était avec la vie, les grandes œuvres de plusieurs apôtres de la Gaule, suscités de Dieu pour la conversion des peuples et des rois. C'est par eux ou à leur occasion que l'on retrouve, en parcourant les annales de la première monarchie, les traces des immenses services qu'ils rendaient à la société, les honneurs rendus à leurs reliques et les miracles dus à leur intercession.

Pour un grand nombre et surtout pour celle dont nous traçons ici la vie, le plus glorieux miracle, le plus étonnant assurément, n'est-il pas qu'après tant de révolutions, tant de guerres, tant de changements dans les mœurs, dans les législations, dans les dynasties régnantes, ses ossements aient été conservés intacts depuis douze siècles et soient demeurés jusqu'aujourd'hui les objets d'une vénération publique et solennelle.

Résumons donc, pour l'édification générale, ce qu'ont écrit à son sujet plusieurs auteurs anciens ou modernes, après des recherches pleines d'intelligence sur sa vie et sur le culte dont ses restes mortels ont été et sont encore sans contredit entourés.

CHAPITRE Ier.

SA JEUNESSE.

L'illustre famille de sainte Bertille fut, après Dieu, redevable de sa haute piété aux soins que prit d'elle saint Amand, qui vint prêcher en Flandre vers 608 et ne mourut qu'en 675. Sainte Gertrude fut dirigée d'abord par saint Gery, disciple de saint Waast, lequel avait instruit le chef de la monarchie française et était devenu évêque d'Arras. Gertrude, après la mort de saint Gery, se mit sous la conduite de saint Amand, et confia tous les membres de sa famille à la direction particulière de cet apôtre, qui, bien qu'évêque de Maëstricht, alla porter le flambeau de la foi au delà de son diocèse, et contribua puissamment à détruire en Flandre les restes de l'idolâtrie.

Bertille, dès sa première jeunesse, s'appliqua à enchérir sur les vertus que pratiquaient les auteurs de ses jours. On la voyait lever vers le ciel ses mains innocentes, embraser son cœur des douces flammes de l'amour divin et soupirer de tous ses efforts vers la céleste patrie. La charité envers Dieu et envers le prochain remplissait tellement son âme qu'à peine pouvait-elle passer une heure sans s'occuper ou d'oraison mentale ou du soin des pauvres. Plus les années s'accrurent, plus aussi sa sainteté fit de progrès. Contrairement à ce qui se remarque dans les personnes de son âge, celles surtout qui sont nées pour tenir un rang élevé dans la société et destinées à jouir d'une grande fortune, elle refusa de consacrer à son usage tout ce qui sentait le luxe ou la superfluité. Jamais on ne vit briller sur son front virginal ni l'or ni les pierreries précieuses; elle aima mieux orner son cœur de toutes les vertus qu'inspire la piété chrétienne et fuir tout ce qui lui parut de nature à porter la plus légère atteinte à son innocence. Fréquenter les églises et garder dans son cœur et sa mémoire les instructions des ministres de Dieu, parcourir les lieux signalés par les grâces obtenues ou les exemples de piété, de dévouement, de fidélité de saints personnages; procurer des asiles aux pèlerins, aux étrangers; consoler les malades, compatir à toutes les afflictions, telles étaient ses principales occupations.

CHAPITRE II.

SES ÉPREUVES.

Ses éminentes qualités cependant, loin de la soustraire à la connaissance des hommes, ne faisaient qu'ajouter à l'éclat de sa renommée. La nature l'avait douée d'une beauté remarquable, à laquelle elle unissait l'appât d'un grand nom et d'une brillante fortune, en sorte qu'aucune femme de son âge ne pouvait lui être comparée. Sa réputation s'était répandue jusque dans le midi de la France. Un jeune seigneur, né en Auvergne, aussi distingué par sa naissance que par ses richesses, surtout extrêmement réglé dans sa conduite et vivant dans la foi de Jésus-Christ, conçut de l'inclination pour elle et demanda sa main. Il était de l'ancienne maison d'Auvergne dont la tige remontait au fils de Léger ou Léodgar, comte de Boulogne, et s'appelait Guthland. Il supplia donc le prince Ricomer de lui accorder sa fille. Ses poursuites furent tellement opiniâtres et il agit avec tant d'efficacité auprès des princes et des seigneurs de la contrée, que les pieux parents de Bertille n'osèrent se refuser aux sollicitations de personnes si considérables, et se virent comme contraints de lui promettre leur fille.

La vierge alarmée toutefois luttait avec toute la fermeté dont elle était capable contre l'épreuve à laquelle la Providence voulait la soumettre. Depuis longtemps elle avait formé la résolution de garder une chasteté parfaite ; elle y attachait tant de prix qu'elle méprisait souverainement les avantages temporels, n'ambitionnant d'autres trésors ici-bas que ceux de la grâce divine. Il fallut que son père usât de tout l'ascendant qu'il pouvait exercer sur elle, qu'il mit en œuvre tout ce que la tendresse unie à l'autorité paternelle peut inspirer pour déterminer enfin Bertille à donner son consentement. Placée entre le respect religieux dû aux volontés d'un père et le goût presque invincible qu'elle ressentait pour un état plus parfait, sans avoir toutefois la certitude d'une vocation céleste, elle ne s'attacha qu'au précepte positif et certain : *Tu honoreras ton père et ta mère.* Ce fut dans la ferveur de l'oraison qu'elle se sentit inspirée d'accepter cette union, comptant bien qu'avec le secours de la grâce elle rencontrerait dans

son noble époux un frère et un gardien de sa virginité, comme la très-sainte Vierge le trouva dans saint
Joseph.

Les noces furent célébrées avec toute la pompe et
l'appareil qui convenaient à une alliance aussi distin-
guée; mais avant de recevoir la bénédiction nup-
tiale, elle avait ouvert son âme à son futur époux,
prince éminemment vertueux et qu'elle avait espéré
faire entrer dans les voies de la perfection qu'elle-
même avait suivies depuis sa plus tendre jeunesse.
Dieu, en effet, donna tant de poids à ses paroles,
que le bienheureux Guthland, voyant de près les
vertus de sa compagne, résolut de les imiter, fidèle
d'ailleurs à l'inspiration secrète et mystérieuse de
l'Esprit-Saint. Son cœur fut touché si singulièrement
de la pratique douce et journalière de ces vertus qui
lui semblaient une émanation de la nature angéli-
que, qu'il se sentit animé du même amour que Bertille pour Jésus sans partage, et du même zèle pour
les œuvres de piété.

Tous deux parurent être plutôt des anges que des
hommes sur la terre. Ils auraient fait entre eux un
saint défi à qui avancerait plus promptement dans
le chemin du ciel, qu'on l'aurait cru facilement.

Toute la province d'Auvergne en était édifiée et frappée d'admiration. L'amour de Dieu et la vénération pour ses saints faisaient taire en eux tous les sentiments terrestres, ce qui les portait à vivre constamment en la présence de Dieu, à lui offrir toutes leurs pensées, toutes leurs démarches, toutes leurs œuvres de charité et à devenir pour les pauvres une providence visible. On les voyait sans cesse occupés du soin de nourrir les malheureux, de visiter les malades, de réconcilier les ennemis, de consoler les affligés. Leurs biens ne furent plus à eux, car ils les employèrent pour la plus grande partie en aumônes de tout genre et à fonder soit des hôpitaux soit des monastères.

Dieu appela à lui le généreux Guthland pour le récompenser de tant de vertus sublimes qu'il avait acquises en peu d'années. Bertille pleura ce cher époux, don inestimable que le ciel lui avait accordé comme une rare faveur. Après qu'elle lui eut procuré une sépulture digne du rang qu'il avait tenu dans le monde, elle distribua aux pauvres et aux églises d'Auvergne les vastes domaines qu'il avait mis à sa disposition. Son abnégation fut telle qu'elle crut n'avoir rien fait encore pour Jésus-Christ. Il lui sembla que les richesses qu'elle tenait de son époux étaient autant d'obstacles à l'union plus céleste qu'elle désirait cimenter avec son divin bien-aimé.

CHAPITRE III.

SES ŒUVRES APRÈS SA VIDUITÉ.

Revenue en Artois, Bertille peut-être y retrouva ses parents, surtout sa mère sainte Gertrude qui ne mourut qu'en 649, mais plus certainement saint Amand auquel elle confia la direction de son âme. Elle eut aussi lieu de s'édifier des hautes vertus que pratiquaient sa parente sainte Rictrude et ses enfants que nous avons nommés précédemment, également du zèle que déployait dans l'administration du vaste diocèse de Cambrai et d'Arras saint Vindicien qui fut son directeur après la mort de saint Amand.

Bertille se fixa à Marœuil qui était l'une de ses terres les plus importantes et distribua tous ses biens aux religieux et aux pauvres. Son amour pour la pauvreté volontaire allant toujours en croissant, elle abandonna aux clercs et à l'Eglise d'Arras, en la personne de saint Vindicien qui depuis saint Vaast en était le huitième évêque, sa seigneurie de Marœuil comprenant un château et trois cents arpents de terre, ne se réservant qu'un seul petit fond d'héritage de l'usufruit duquel elle dut jouir. Un couvent, d'après Longueval, y avait déjà été fondé dès 625; mais Bertille résolut de lui donner un plus grand développement, et c'est pour cela qu'elle en fut regardée comme la fondatrice.

Elle y établit des religieux bénédictins et probablement aussi des religieuses, selon l'usage assez commun dans ce temps de créer des monastères doubles. Ils étaient composés d'hommes élevés aux ordres sacrés ou simples frères-lais et aussi de sœurs converses. Celles-ci étaient pour la plupart des filles de service occupées à garder les malades, à filer la laine ou le lin, à soigner les bestiaux et à d'autres travaux manuels ; quelques personnes même de condition noble se retiraient dans ces asiles pour y vivre dans le silence et la piété, gouvernées par une prieure, sans aucune distinction de dames de chœur et de converses. Elles étaient tellement nombreuses au xiii° siècle, qu'elles étaient une charge pour bien des abbayes. En effet les fondations créées en leur faveur étaient devenues d'une si faible importance qu'elles ne pouvaient suffire à leur entretien ; puis les seigneurs, les rois eux-mêmes abusant de leur autorité et de leur crédit distribuaient ces places et en imposaient l'embarras avec une prodigalité injuste et ruineuse pour les communautés. On parvint d'abord à en diminuer le nombre ; ensuite cet usage fut aboli au concile de Compiègne en 1257. Toutefois cette coutume, quelqu'abusive qu'elle fut plus tard, donna à Bertille l'occasion de former par ses instructions et ses exemples une quantité de saintes âmes à la vie religieuse.

A Marœuil, elle construisit à ses frais une assez vaste église sous l'invocation de la très-sainte Vierge, titre qu'elle a conservé jusqu'à nos jours, où elle érigea un autel en l'honneur de saint Amand. Afin de pouvoir avec plus de liberté et une plus grande consolation spirituelle s'adonner aux exercices de la vie contemplative, elle adjoignit à l'un des murs latéraux de cette église une cellule à elle seule réservée. C'était là que seule avec Dieu et dans une paix profonde, elle priait sans cesse et méditait sur les vérités du salut, se consacrant aux mortifications et aux sacrifices de la vie ascétique.

CHAPITRE IV.

SA MORT.

Elle passa d'assez longues années dans cette solitude, pratiquant à un degré héroïque, selon le langage de l'Église, les vertus qui font les saints, le détachement complet de ce monde, l'humilité la plus parfaite, la pauvreté, la pieuse conduite des âmes, la charité avec toutes ses affections et tous ses élans vers le ciel. Elle répétait souvent avec saint Paul, dit un des premiers de ses historiens: *Quand serai-je délivrée de ce corps mortel pour m'unir indissolublement à J.-C.? Brisez, Seigneur, ma faible existence et daignez me mettre en possession des joies pures que l'on goûte en vous possédant.* Dieu enfin exauça sa fervente prière.

Une nuit survint pendant laquelle, excédée de fatigue, elle s'abandonna au sommeil; mais tout à coup elle fut frappée d'un malaise qui la priva de son énergie habituelle. Il en résulta une langueur qui mina peu à peu sa santé. Pour se fortifier dans cette lutte, elle reçut avec une indicible ferveur les derniers sacrements, conservant jusqu'à la dernière heure toute sa présence d'esprit. Au moment où elle comprit qu'elle allait mourir, elle implora encore la protection divine et alla recevoir le prix de sa fidélité et de son amour, âgée de quatre-vingt-neuf ans environ, en l'année 684.

Son corps vénérable fut inhumé dans l'église de Marœuil, où depuis il devint l'objet d'un culte public, à cause des miracles qui s'opérèrent à son tombeau et des faveurs obtenues par l'intercession de cette vierge dont les restes furent religieusement gardés par les habitants du monastère témoins de ses vertus et reconnaissants de ses pieuses largesses.

Quels qu'aient été le sort de cet établissement, les vertus qu'on y ait pratiquées, la gloire ou les infortunes des abbés qui l'ont dirigé, notre dessein n'est pas d'en faire le récit. Nous en dirons peu de mots, selon l'occasion, pour mieux exposer ce qui nous intéresse par-dessus tout, à savoir, proclamer comme constant que toujours les reliques de Bertille reçurent à Marœuil, à Arras et dans toute la Flandre les honneurs qui n'appartiennent qu'à une sainte.

CHAPITRE V.

HONNEURS GÉNÉRAUX RENDUS A SAINTE BERTILLE.

On s'étonne que pendant quatre cents ans nul honneur public et solennel n'ait été rendu aux ossements de sainte Bertille. C'est que l'on ne doit pas juger de ces temps comme du temps où nous vivons. Des miracles s'opéraient près de ces reliques, la mémoire de plusieurs en a même été conservée jusqu'à nos jours; mais on n'en parlait qu'auprès du foyer domestique. L'humilité de la sainte patronne, pensait-on, aurait été blessée, si on rendait trop vulgaire son intervention. Obtenir ses faveurs était d'ailleurs chose toute simple, pourvu que l'on eût confiance en Dieu. Ainsi raisonnaient nos ancêtres. Les évêques, seuls juges de la foi et de la vérité, ne se prononçaient qu'avec prudence, et ne témoignaient leur approbation et leur confiance à ces récits, qu'en protégeant d'une manière toute spéciale le monastère et en y maintenant comme gardiens respectables des reliques de sa patronne, tantôt des prêtres séculiers, tantôt des clercs astreints à une vie commune sans vœux particuliers, tantôt des chanoines réguliers de Saint-Augustin. N'était-ce pas là honorer sainte Bertille ?

Au reste la cousine de sainte Bertille, sainte Rictrude avait fondé l'abbaye double de Marchiennes à quatre lieues de Douai et, après son veuvage, s'y était retirée. L'ayant gouvernée pendant quarante ans, elle y mourut, en 688. Bertille, fondant l'abbaye de Marœuil, avait suivi ses traces, et l'on confondait la mémoire des deux parentes dont le but et la sainteté étaient semblables. De là les invocations qu'on lit dans les litanies de la dernière : *Patronne de Marchiennes*, aussi bien que *Patronne de Marœuil*. Le culte allant en grandissant, bientôt on dit : *Patronne de la Flandre française* dont Marchiennes était une ville principale, titre justifié par les honneurs rendus à ses reliques que les vénérables évêques firent porter en union avec celles de saint Vaast, de saint Amand, de saint Vindicien plus tard.

Dans la suite des âges, les guerres, les divisions intestines, les malheurs publics, les invasions des

Normands au ix° siècle surtout, avaient ruiné les monastères et spécialement celui de Marœuil ; la religion comme les états, comme les communes, cachaient leurs trésors. C'est au milieu de ces difficultés que s'écoulèrent plus de trois siècles. En 935, sous Fulbert, évêque de Cambrai, fut tentée une restauration de l'abbaye dite de sainte Bertille qui était presque détruite, sauf son tombeau toujours vénéré. En 965, la reine Emma, femme de Lothaire, visite le monastère de Marœuil, de nouveau saccagé, et conjure son époux de venir au secours des chanoines qui y demeurent. Ce que le roi de France s'empresse de faire en l'honneur de *saint Amand* et de *sainte Bertille, à la charge de prier* chaque jour pour lui et pour la prospérité du royaume. Ainsi s'exprime son rescrit de 977, hommage remarquable à la sainte à laquelle il se recommande comme à une amie de Dieu.

CHAPITRE VI.

ÉLÉVATION DE SON CORPS.

En 1081, eut lieu la levée du saint corps, ce qui équivalait à la canonisation selon l'usage de cette époque. Depuis quatre cents ans, il reposait dans son tombeau, plusieurs miracles de guérisons de maladies s'y étaient opérés. Les Atrebates et les populations voisines demandèrent avec instances que les reliques de la Sainte fussent placées dans une châsse afin qu'on put leur décerner un culte distingué.

Gérard, deuxième du nom, évêque de Cambrai et d'Arras, par l'entremise de trois délégués, *hommes d'une haute réputation de vertu*, dit le prélat retenu par une grave infirmité et forcé de confier à des représentants de son autorité cette belle mission à l'égard de cette vierge *devenue célèbre par ses mérites et ses miracles* (ce sont encore les expressions dont il se sert dans l'acte rédigé de sa main), se rendit donc aux sollicitations de tout le peuple et fixa le jour de l'Exaltation de la sainte Croix, 14 septembre, pour accomplir cette cérémonie. Le tombeau fut ouvert, on y retrouva intact le corps de la Bienheureuse conservé depuis tant d'années ; on le plaça dans une châsse de chêne revêtue de lames d'or et d'argent, et désormais il fut publiquement vénéré.

Cent quarante ans plus tard, il arriva que les chanoines séculiers, chargés de veiller à la conservation de ce précieux dépôt, cessèrent de résider à Marœuil, et le confièrent à de simples clercs préposés à la garde de l'église et du monastère. Des voleurs s'y introduisirent et, sans entamer la châsse, la dépouillèrent des reliefs d'or et d'argent dont elle était ornée et couverte, à la grande désolation de tout le peuple.

CHAPITRE VII.

PREMIÈRE RÉCOGNITION DE SES RELIQUES

En 1131, Alvise, troisième évêque d'Arras après la séparation des deux diocèses, instruit du zèle que plusieurs de ses prédécesseurs avaient déployé pour perpétuer le culte rendu à sainte Bertille, fit la récognition de ses reliques indignement dépouillées de leur riche parure et renfermées dans un coffre sans ornement. Ce prélat renvoya les clercs qui desservaient l'église et leur substitua des chanoines réguliers ; il fit réédifier les bâtiments, restituer les donations soustraites à ce couvent, y ajouta des revenus nouveaux. Par ses conseils Bauduin de Bailleul, abbé du monastère, l'affilia à la congrégation d'Arouaise, célèbre abbaye d'augustins, fondée en 1090 entre Bapaume et Péronne ; l'acte d'union fut approuvé par une bulle du pape Innocent II. Par suite de cette affiliation, plusieurs dignes réformes sanctifièrent l'abbaye de Marœuil dont un rescrit du Souverain-Pontife Eugène III confirma l'établisse-

ment. Toutes les pièces de ces heureuses améliora-
tions, toutes les signatures données à leur occasion
furent directement ou indirectement une reconnaissance de la sainteté de celle que le monastère avait
pour patronne et tournèrent à sa gloire. Un plus
grand honneur vint encore la rehausser. En 1191,
l'évêque d'Arras, Pierre Ier, fit la dédicace solennelle
d'une église commencée par son prédécesseur dans
sa ville épiscopale sous le double vocable de saint
Amand et de sainte Bertille, tant était illustre ce
nom dans son diocèse !

CHAPITRE VIII.

PREMIÈRE TRANSLATION DES RÉLIQUES.

En 1228, Pierre IIe du nom, abbé de Marœuil et ses religieux supplièrent Pontius, évêque d'Arras, de transporter, avec sa commune boîte de chêne, le corps de leur patronne, sacrilégement pillé autrefois par des voleurs, et de renfermer le tout dans une nouvelle châsse non moins riche que la première. Ce zélé pasteur accueillit leur demande et fixa au 8 octobre cette translation. Ce jour-là fut magnifique, bien que la veille il eût plu considérablement. Ce qui fut attribué à l'intercession de sainte Bertille. Cette fête triomphale commença par une superbe procession composée d'un nombreux clergé, des abbés et abbesses de tous les environs, de l'abbé d'Arouaise général de l'ordre, des archidiacres et doyens d'Arras et d'un concours immense de fidèles, présidés par Sa Grandeur Pontius. Le prélat et tous les dignitaires se placèrent sur une estrade préparée dans un vaste local du monastère, orné de tapis magnifiques. Maître Asson, chanoine de la cathédrale, prononça l'éloge de la sainte abbesse, et Monseigneur accorda à tous les fidèles, concourant à cette cérémonie par leur présence ou leurs prières, trente jours d'indulgence, ajoutant que, pendant quarante jours, on pourrait profiter de cette remise des peines canoniques.

Puis, on présenta au Pontife l'ancienne châsse dont les ornements avaient été déchirés et dont l'évêque avait rompu les sceaux intérieurs. En présence de l'assemblée, il retira les ossements qu'il fit voir au peuple, il les réunit avec le plus grand soin, les enveloppa dans une étoffe de soie, et les déposa dans la châsse riche et précieuse que l'on avait fait confectionner. Le chœur chanta le *Veni Creator* et le *Te Deum*. Cependant un orfèvre, appelé pour la clore, en fermait toutes les issues, et l'évêque y apposait son scel et y introduisait l'acte authentique de translation, muni pareillement de son sceau et des seings des abbés et autres personnes de distinction, témoins de la cérémonie. Pontius se rendit ensuite à l'église où il fit transporter le corps de la vierge et célébra la messe en son honneur.

Durant les quarante jours qui suivirent, la châsse

de sainte Bertille fût exposée dans l'église, hors du chœur, afin que les pèlerins qui faisaient foule pussent commodément exciter leur piété et gagner l'indulgence.

Plusieurs d'entre eux atteints de graves infirmités furent radicalement guéris, en invoquant le nom du Sauveur par la médiation de sainte Bertille. L'un de ces pèlerins qui avait visité plusieurs sanctuaires pour obtenir la guérison d'un mal d'yeux très-invétéré vint à Marœuil, et n'eut pas plutôt pénétré dans l'église où il toucha les reliques, animé d'un sincère repentir de ses péchés, qu'il se sentit soulagé. Interrogé en présence d'un grand nombre de témoins qui déposaient de ce fait extraordinaire, il affirma plein de joie, sous le serment et au péril de son âme, que sa guérison avait été complète dès l'instant où il avait imploré le secours de la sainte. L'ancien écrivain qui, à cette époque même, recueillait ces détails, rapporte plusieurs autres faits non moins étonnants qui avaient eu lieu antérieurement à l'invocation de la bienheureuse Bertille. Il cite la guérison de deux femmes souffrantes de maladies de très-longue durée, et réputées incurables ; celle d'un enfant épileptique ; celle de deux enfants délivrés de l'oppression d'une poutre tombée sur eux ; celle d'un chirurgien d'Arras guéri d'une fièvre qui le consumait; celle d'un enfant privé de l'usage d'un œil qui implore le secours de sainte Bertille : une paille paraît tout à coup sortir de son œil, et il recouvre une vue parfaite; celle d'une femme paralytique qui revient sans aide de personne de son pèlerinage à la châsse et plusieurs personnes infirmes, par suite de maux d'yeux surtout, rendues à la santé.

Cette date du 8 octobre devint désormais celle de la fête patronale qui se célèbre chaque année avec pompe à Marœuil.

CHAPITRE IX.

PROTECTION DIVINE SUR SES RELIQUES.

De 1290 à 1500 l'histoire de Marœuil n'offre aucun fait à remarquer. Les événements politiques, source de tant de malheurs, pendant plus de deux siècles, et qui causèrent la dispersion des couvents, la ruine presque totale de la discipline monastique, dominent toutes les histoires particulières. Laissons à d'autres de raconter les désastres de l'Artois, les guerrés avec leurs suites affreuses : incendies, pillages, maladies pestilentielles, dépopulations générales. Mais, au milieu de ces calamités fréquentes et successives, n'est-il pas admirable de voir comme la providence a pris soin de faire échapper à des dangers de toutes sortes les reliques de sainte Bertille ? Tant d'autres précieux restes des saints ont été profanés, foulés aux pieds, brûlés et leurs cendres jetées au vent ; les reliques de sainte Bertille ont échappé à tous les périls.

Dès 1400, l'abbaye de Marœuil, pour se soustraire aux malheurs publics, avait fondé à Arras un monastère dit *de refuge*, où elle transportait ses pieuses richesses et une partie de ses habitants : on en voit encore aujourd'hui la façade tombée en vétusté rue du Vert-Soufflet. Là, on se cachait contre les attaques ennemies, on priait pendant les siéges que la ville eut à soutenir ; là, on invoquait dans l'ombre la protection de la sainte patronne ; là, on chantait aussi les cantiques, les litanies composées en son honneur et dont le texte a survécu aux trois cents ans qui ont suivi ces temps orageux. Nous les transcrirons à la fin de cette notice.

Autre témoignage de la protection divine. En 1524, un rescrit d'Eustache de Croï, évêque d'Arras, mort en 1538, à son château de Marœuil, abandonna aux religieux de cette abbaye un champ appelé le *Prédit* de sainte Bertille, à l'extrémité duquel est la fontaine merveilleuse où les pèlerins de tous temps puisaient de l'eau pour guérir les maux d'yeux. Elle est à cinq cents mètres environ de l'église actuelle. Une tradition qui remonte à douze cents ans n'a pas cessé de lui donner pour origine un miracle de la sainte. A une époque où le lit de la Scarpe, par suite de chaleurs extrêmes, était complétement à sec, comme il est arrivé en plusieurs années, la pieuse abbesse était allée visiter les travaux de ses laboureurs et des employés à la moisson ; elle les trouva dévorés d'une soif ardente, exténués et accablés de souffrance. Bertille les prend en pitié, les exhorte à mettre en Dieu leur confiance, se recueille un instant, puis frappe de son bâton abbatial le sol, à cent pas de la Scarpe. Il en jaillit tout à coup une source fraîche, abondante, éminemment pure et qui depuis n'a jamais tari.

Puisque nous avons été amenés par l'enchaînement de cette histoire au récit de la source miraculeuse, qu'il nous soit permis d'anticiper sur les faits qui nous restent à rapporter. Aujourd'hui, comme autrefois, une foule de pieux fidèles ou même de curieux visitent cette fontaine, prient devant elle, se lavent les yeux de son eau, en emportent des bouteilles dans leurs maisons, et l'on raconte très-souvent des guérisons dues à leur confiance à sainte Bertille.

En 1720, une petite chapelle avait bien été bâtie en l'honneur de sainte Bertille par Jeanne Leblanc, à l'entrée du village, en venant d'Arras ; mais plus

tard M. Bodelot, desservant de Marœuil, désirait
vivement faire construire un oratoire sur la source
même, objet de tant de vénération. Il l'entreprit avec
le concours de la municipalité et de tous les paroissiens. Un monsieur Dauchez-Lagny devenu pro-
priétaire du terrain dit le *Pré de Sainte-Bertille* était
sur le point de le vendre à M. le baron Fouant de
la Tombelle, mais il mettait pour condition qu'il en
distrairait le petit endroit où surgissait la source et
qu'il en ferait l'abandon à la fabrique de l'église
de Marœuil, à savoir deux mètres cinquante centi-
mètres en carré. Le marché fut ainsi conclu. Toutes
formalités tant ecclésiastiques que civiles étant rem-
plies, Mgr Parisis, le 20 septembre 1852, autorisa
l'édification de cet oratoire sur la source, tel qu'on
le voit actuellement.

« Monseigneur accorda quarante jours d'indul-
» gence *à perpétuité* pour chaque fois, mais une fois
» seulement par jour, aux fidèles de l'un et de l'autre
» sexe qui, le dimanche, ou le mercredi, ou le ven-
» dredi, visiteront la chapelle, pourvu que, vraiment
» repentants de leurs fautes, ils y récitent dévotement
» cinq Pater et cinq Ave, ou bien leur prière, soit du
» matin, soit du soir, à quelque jour que ce soit. »

Nous continuons maintenant les preuves de protection signalée que le Seigneur a daigné donner à ces reliques.

En 1598, à l'occasion des réjouissances que motiva la paix de Vervins, le 7 juin, eut lieu à Arras une procession du Saint-Sacrement où furent portées les châsses de saint Vaast, saint Vindicien et *sainte Bertille*, patrons de la Flandre française. Sainte Bertille, à cette fête, fut retirée du monastère de Refuge et ses ossements, après la procession, furent présentés aux baisements et à la vénération du peuple. On cite parmi les faveurs obtenues en cette circonstance, au tombeau de la sainte où ils furent réintégrés, le fait suivant : Une fille de Béthune, nommée Cécile Laurent, frappée d'une cécité complète, recouvra d'une façon subite et parfaite l'usage de la vue. Quelques années après, en 1617, Robert Gausart de Béthune, également, vint avec sa fille Catherine, âgée de 19 ans, qui avait perdu la vue par suite d'une petite vérole et avait été déclarée incurable par les médecins. Ils avaient fait le vœu d'assister à la sainte messe dans l'église de Marœuil et de visiter la source par trois jours différents. A la consécration, pendant la troisième messe, la lumière lui fut rendue et procès-verbal fut dressé de cette guérison extraordinaire.

Toutefois, les guerres reprirent leur cours, non plus entre la France et les Flamands révoltés, ou contre l'Angleterre, mais contre l'Espagne, pour ne finir qu'en 1659, lorsque Turenne contraignit le prince de Condé à se retirer vers Cambrai. On fut obligé, à plusieurs de ces époques, de recéler encore les reliques au Refuge d'Arras, en dépouillant cette fois, par prudence, la châsse de ses joyaux et de ses ornements d'or et d'argent.

CHAPITRE X.

AUTRES RÉCOGNITIONS DES RELIQUES.

En 1785, Charles Blanchard, religieux profès de l'abbaye, demanda à Mgr Hilaire de Couzié, évêque d'Arras, que Sa Grandeur fît procéder à l'ouverture de la châsse pour affermir de plus en plus la confiance de ses paroissiens et de tous les pèlerins, certains qu'elle avait échappé aux désastres politiques. Cette reconnaissance eut lieu; M. l'abbé Moreau de la Grave, chanoine d'Arras et vicaire général du diocèse, accompagné de M. Mercier, secrétaire général de l'évêché, en fut chargé. On conserve le procès-verbal de cette cérémonie, où il est certifié qu'on retrouva, renfermés dans le reliquaire, la charte rédigée en 1228 par Mgr Pontius, évêque d'Arras, avec toutes les signatures des témoins de la cérémonie primitive, ainsi que le chef et les ossements de la sainte, tels qu'ils étaient énumérés dans l'acte épiscopal.

En 1792 se déchaînèrent les fureurs de la révolution française et les haines contre l'Église. Nouvelle persécution déclarée au culte des saints et à leurs reliques. Dom Eloi-Fidèle-Joseph Dorlencourt, successeur du S. Blanchard, quarante-huitième et dernier abbé de Marœuil, remplissait les fonctions curiales, et fut obligé de fuir la terreur révolutionnaire. Les objets les plus sacrés durent être abandonnés à la dilapidation du prétendu trésor public. Les ornements, les calices, les cloches, les statues, les châsses furent confisqués. Toutefois, on se contenta le plus possible de ne livrer que les métaux, cuivre, or ou argent qui tentaient la cupidité, et de pieux fidèles conservèrent secrètement cachés les coffres sans valeur extérieure où reposaient les reliques. Tel fut le sort de sainte Bertille.

M. Dorlencourt se réfugia à Gand, puis à Hildesheim, en Hanovre. De retour en France, à l'époque du concordat, il se mit à la disposition de Mgr La Tour d'Auvergne Lauraguais, récemment nommé évêque d'Arras, et ne sollicita de Sa Grandeur, avec l'humilité la plus profonde, que la modeste succursale de Marœuil, pour vivre comme simple desservant, là où il avait autrefois porté la mitre et la crosse. Il n'y resta que quelques mois, y exerçant toutes les œuvres de charité la plus tendre ; mais il eut le temps de replacer dans une autre châsse en simple fer-blanc son cher trésor, le coffre précieux précédemment confié à sa garde. Il resta en cet état jusqu'en 1856, comme nous le verrons plus bas.

En 1835, le 15 septembre, ce reliquaire fut visité de nouveau, examiné, et reconnu incontestablement authentique, par M. Herbet, vicaire général d'Arras, que chargea de cette mission Mgr de La Tour d'Auvergne Lauraguais, lequel ordonna d'en extraire un ossement désigné par un officier de santé comme étant l'humérus gauche de la sainte, afin d'en enrichir sa cathédrale et certaines églises placées sous ce vocable. Monseigneur envoya le procès-verbal signé de sa main de cette récognition officielle et de la soustraction d'une partie de ces reliques au profit du diocèse, à M. Capron, curé de Marœuil. On le conserve dans les archives de la paroisse, et il atteste que l'on a trouvé tout dans l'état écrit par Mgr Pontius en 1228.

Quant à M. Dorlincourt, il n'avait fait que passer un instant à Marœuil. L'évêque, Mgr de La Tour d'Auvergne, ne voulut pas qu'un personnage aussi distingué fût pour ainsi dire caché dans un poste si déchu de sa première grandeur. Il le créa d'abord chanoine honoraire, puis chanoine titulaire d'Arras, successivement doyen du chapitre, grand vicaire, grand pénitencier, chargé des œuvres les plus importantes du diocèse, spécialement de la confession des criminels condamnés à mort, autorisé à officier avec la croix d'or pectorale et l'anneau abbatial. Il décéda en 1822, âgé de soixante-douze ans, et vénéré à cause de toutes ses vertus.

Nous insistons sur ces faits, afin de constater que soit avant, soit après la révolution, ce saint confesseur de la foi surveilla les reliques à lui si connues de la bienheureuse Bertille.

CHAPITRE XI.

SECONDE TRANSLATION DES RELIQUES.

En 1856, M. Bodelot, curé de Marœuil depuis 1844, réussit à réaliser le vœu que tous ses paroissiens, ainsi que lui-même, avaient conçu de transporter, dans un riche reliquaire digne de la sainteté de sainte Bertille, les reliques de leur bienfaitrice. Le jour de Pâques de cette année, il fit un appel à la générosité universelle pour mettre à exécution ce désir de leurs cœurs, cet acte de leur reconnaissance.

Il s'agissait d'une dépense de 900 francs. Une allocation du conseil municipal et les dons recueillis dans toutes les familles pauvres ou riches, concoururent, avec ses propres sacrifices, à compléter la somme nécessaire pour faire confectionner une belle châsse de style gothique en bronze doré.

Tout étant préparé, le 28 septembre, jour fixé par l'évêque, Monseigneur vint en personne présider à la cérémonie de la translation. Ce fut une véritable fête pour Marœuil. De nombreux arcs de triomphe dans les rues, des allées plantées d'arbres sur la route où devait passer la procession, l'église splendidement décorée, témoignaient de la joie générale, une foule immense suivant le nombreux clergé à la tête duquel marchait Mgr Parisis, accompagné de tous les dignitaires ecclésiastiques d'Arras, et de tous les administrateurs civils de Marœuil et des environs, firent, de cette cérémonie, le digne pendant de la première translation. Monseigneur trouva le chef et le corps entier de la sainte enveloppés dans de la soie et dans la situation décrite aux procès-verbaux de 1785 et de 1835, aux grands applaudissements de la multitude.

Les ossements furent ensuite enveloppés dans une soie neuve, le chef dans un morceau distinct de la même étoffe ; un procès-verbal relatant tous les faits, rédigé sur parchemin en triple exemplaire, revêtu du sceau épiscopal et des signatures des témoins principaux. Le tout fut inséré dans un coffret de bois d'orme ayant pour fermeture un couvercle fixé par six vis, et lié par un cordeau sur lequel, à sept endroits différents, on imprima le sceau épiscopal. Enfin la châsse, opulente et magnifiquement travaillée, couronna tous les objets, et fut le trône où siégerait à perpétuité sainte Bertille.

CHAPITRE XII.

AVIS. — CONCLUSION.

L'auteur de cette notice a puisé ses renseignements dans le savant ouvrage de M. l'abbé Parenty sur l'abbaye de Marœuil, dont il n'a prétendu que faire une analyse succincte, s'attachant uniquement à ce qui regardait sainte Bertille, et en dehors de toute histoire civile ou religieuse de l'abbaye et des provinces du Nord. Il a pris pour certains et véridiques tous les faits relevés par cet écrivain distingué, comme exacts tous les détails que lui ont fournis les annales générales, les archives diocésaines, les registres paroissiaux. L'auteur du présent opuscule a glané aussi dans les registres paroissiaux de Marœuil et dans quelques archives de l'abbaye conservées à l'évêché d'Arras, lui a-t-on assuré, et dont fait partie un manuscrit du S. Watelet, prieur, chanoine régulier et curé de Marœuil en 1719, qui raconte plusieurs bienfaits de la sainte envers ceux qui l'ont invoquée dans tous les âges.

En un mot, le but qu'il s'est proposé est de prouver combien Dieu, par une protection toute merveilleuse, a voulu convaincre tous ceux qui prieront sainte Bertille qu'il se plaît à accorder bien des grâces par l'entremise de sa bienheureuse servante.

Il a été surtout engagé à ce travail par une guérison, dont il a été témoin, arrivée à Paris le 11 août 1869, en faveur d'une demoiselle de vingt-quatre ans, nommée Bertille F..., malade d'une petite vérole très-douloureuse, dont les yeux et toute la figure boursouflée annonçaient une cécité complète. Il avait rapporté de l'eau du *Prédit* de sa sainte patronne, sans rien savoir de la maladie; il apprend son état, lui envoie cet eau, l'exhortant à la prière et au récit des Litanies, et le soir même la vue lui est revenue. Aucune trace autour des yeux, elle s'écrie : « Je vois, je vois; je suis guérie! »

Fait presque identique à celui qu'on lit chap. IX relatif à la guérison de Catherine Gausart, aveugle aussi par la même cause, et qui confirme dans la croyance à une autre guérison rapportée dans un registre paroissial, à la date du 25 septembre 1858. Il convient de saisir cette occasion, d'en donner con-

naissance, en la consignant ici telle qu'elle est ra-
contée en ce registre.

Victoire Courbeau, aveugle depuis l'âge de sept
ans, accomplit à dix ans le pèlerinage à la fontaine,
et emporte de l'eau de cette source. Sa mère, Edouard
Courbeau, née Françoise Lomand, de la paroisse
d'Ecout-Saint-Mein, canton de Croisilles, l'accom-
pagne et prononce le vœu de réitérer ce pèlerinage
si sa fille guérissait. Elle bassine les yeux de l'enfant avec l'eau puisée au *Prédit*. La cécité cesse aus-
sitôt, et toutes deux reviennent à Marœuil remercier
la bonté divine. Procès-verbal est dressé et signé
par qui de droit, de la grâce que daigne accorder
N. S. à cette famille reconnaissante.

Non, le bras de Dieu n'est pas raccourci ; il rend
toujours honneur à celle dont les vertus pratiquées
sur la terre lui ont procuré un si grand pouvoir de
supplications dans le ciel. Qui n'en serait persuadé à
ne considérer que la manière providentielle avec laquelle il a voulu conserver ses restes mortels depuis douze siècles, et opérer à son invocation tant
d'œuvres étonnantes ! Dire tout le bien qu'elle a procuré aux sourds, aux aveugles, aux fébricitants, aux
malades frappés d'une ou plusieurs infirmités, serait

très-difficile à raconter. Ainsi s'exprimait M. Watelet cité plus haut : *Quod surdis auditum, quod cœcis visum et quod febricitantibus tam quaternariis, quam aliis, restituerit sanitatem, nullus posset de facili breviter enarrare.*

Permettez, pieux fidèles, que d'utiles et bons conseils, inspirés par la charité qui nous unit, soient
comme la conclusion de ces relations historiques.

Profitez de la protection de sainte Bertille que vos
ancêtres ont reconnue si efficace, pratiquez les vertus dont votre patronne vous a donné l'exemple.
Rendez-lui le culte auquel l'Église vous invite, dont
vos premiers pasteurs ont si sagement réglé l'usage,
qu'ils ont enrichi de tant d'indulgences. Faites re-
naître ces temps où la foi des peuples était si vive,
où le recours à Dieu et à ses saints les sauvait de
tant de calamités qui accablaient votre patrie, vos
villes et vos villages. Que les processions, les pèle-
rinages, les stations à la fontaine de Bertille mani-
festent publiquement vos sentiments religieux et ca-
tholiques.

Encore un coup, la puissance de Jésus-Christ à faire des prodiges n'est pas épuisée ; l'amour de votre sainte patronne pour son pays, pour ceux qui l'habitent ou le fréquentent n'est pas éteint. Les temps où nous vivons sont mauvais ; les désastres anciens peuvent se renouveler ; implorez des amis dans le ciel qui vous préservent, qui vous gardent, qui vous consolent dans la tribulation.

Enfants, souvenez-vous qu'il est écrit dans les archives de votre paroisse que Bertille prend un soin particulier de ceux qui accomplissent le mieux le précepte : *Tes père et mère honoreras.* Sa vie en offre un exemple très-remarquable.

Mères de famille, oh ! comme elle a été votre modèle par son goût pour la prière et la méditation, par son renoncement aux plaisirs mondains, son amour pour le travail, ses soins de tant de personnes, de tant de ménages qu'elle recueillait, dirigeait et soutenait dans les voies du salut. Sous sa bannière, unissez-vous et livrez-vous à toutes les bonnes œuvres que vous suggèrera votre zélé et bien-aimé pasteur.

Ouvriers si laborieux, si honnêtes, comme elle chérissait vos états, comme leurs fatigues émouvaient son cœur! N'était-ce pas spécialement afin de diminuer leurs peines qu'elle fit jaillir cette source, témoin impérissable de l'intérêt qu'elle portait aux travailleurs et à tous ceux qui suivront leur carrière!

Riches, heureux du siècle, hommes livrés aux labeurs de l'intelligence et de l'étude, souvenez-vous des catastrophes où conduisent l'indifférence religieuse et le mépris des choses saintes; les biens terrestres sont de peu de durée. Justifiez cette invocation écrite dans ses vieilles Litanies : Que tout Marœuillais est glorieux d'appartenir à ce noble rejeton de nos premiers rois Mérovingiens.

Que tous remplissent les conditions si faciles exigées par Mgr Parisis, pour mériter les indulgences accordées à la visite de la source Bertille. (Ch. ix.)

Ne soyez pas émus des railleries de l'impiété, des faux raisonnements, des doctrines mal saines que répand l'irréligion. Vous en seriez les esclaves par respect humain! N'êtes-vous pas libres pour le bien, comme prétendent l'être pour le mal les ennemis de votre bonheur.

Que tous, autant qu'il leur est possible, sanctifient les jours du Seigneur: qu'ils viennent le prier, l'adorer dans son église, s'y prosterner aux pieds du Saint-Sacrement exposé à l'occasion de la fête de sainte Bertille et pendant son octave; qu'ils s'estiment heureux de faire partie de la procession à laquelle l'on porte sa statue ou son reliquaire, comme a daigné l'autoriser votre premier pasteur, le 21 juillet 1860. Répétez souvent ces belles et antiques Litanies par lesquelles nous terminons cet éloge. Elles sont une analyse des vertus propres à votre patronne, et établissent la distinction que l'on doit conserver entre elle et sainte Bertille, abbesse de Chelles, inscrite au martyrologe romain au 4 et 5 novembre, et qui vivait à peu près à la même époque. Ces Litanies, dites-les, apprenez-les à vos enfants, prononcez-en les invocations avec confiance, vous souvenant des grâces obtenues de Dieu par la médiation de votre sainte protectrice.

LITANIES DE SAINTE BERTILLE

VIERGE

ET PATRONNE DE MARŒUIL

(Près d'Arras.)

8 OCTOBRE

Seigneur, ayez pitié de nous. Christ, ayez pitié de nous. Seigneur, ayez pitié de nous.

Christ, écoutez-nous, Christ, exaucez-nous.

Père céleste, qui êtes Dieu, ayez pitié de nous.

Fils, Rédempteur du monde, qui êtes Dieu, ayez

Esprit saint qui êtes Dieu, ayez pitié de nous.

Sainte Trinité, qui êtes un seul Dieu,   id.

Sainte Marie, priez pour nous.

Sainte Bertille, priez pour nous.

Bertille, patronne de Marchiennes et de Flandre,

Bertille, élue du Christ, priez pour nous.

Bertille, imitatrice de Marie, priez pour nous.

Bertille, amante de la chasteté, priez pour nous.

Bertille, guide des âmes dans l'oraison mentale, priez

Bertille, dédaigneuse de toute mondanité, p. n.

Bertille, exemple d'humilité parfaite, priez pour nous.

Bertille, épouse du chaste Guthland, priez pour nous.

Bertille, type des noces virginales, priez pour nous.

Bertille, temple de l'Esprit saint, priez pour nous.

Bertille, lumière des aveugles suppliants, priez p. n.

Bertille, secours des Atrebates, priez pour nous.

Bertille, gloire de Marœuil, priez pour nous.

LITANIES DE SAINTE BERTILLE

VIERGE

ET PATRONNE DE MARŒUIL

(Près d'Arras.)

8 OCTOBRE

Kyrie, eleison, Christe, eleison, Kyrie eleison.
Christe, audi nos. Christe, exaudi nos.
Pater de cœlis, Deus, miserere nobis.
Fili, Redemptor mundi, Deus, miserere nobis.
Spiritus sancte, Deus, miserere nobis.
Sancta Trinitas, unus Deus, miserere nobis.
Sancta Maria, ora pro nobis.
Sancta Bertilia, ora pro nobis.
Bertilia, Mareolensium patrona, ora pro nobis.
Bertilia, electa Christi, ora pro nobis.
Bertilia, imitatrix Mariæ, ora pro nobis.
Bertilia, amatrix castitatis, ora pro nobis.
Bertilia, mysticæ orationis magistra, ora pro nobis.
Bertilia, contemptrix mundi, ora pro nobis.
Bertilia, exemplum humilitatis, ora pro nobis.
Bertilia, Guthlando nupta, ora pro nobis.
Bertilia, exemplum casti matrimonii, ora pro nobis.
Bertilia, templum Spiritus sancti, ora pro nobis.
Bertilia, cæcorum lux confidentium, ora pro nobis.
Bertilia, Atrebatensium solatium, ora pro nobis.
Bertilia, Mareolensium gloria, ora pro nobis.

Bertille, modèle des plus éminentes vertus, priez

Bertille, splendeur de la vie contemplative, p. p. n.

Bertille, ravie souvent en sublime extase, p. p. n.

Bertille, privilégiée du don des miracles, priez p. n.

Bertille, honneur dont est fier tout Marœuillais, priez pour nous.

Bertille, lys de la virginité sans tache, priez pour n.

Bertille, victime de la divine charité, priez pour n.

Bertille, miroir de la plus fervente dévotion, priez pour nous.

Bertille, fille de sainte Gertrude, priez pour nous.

Bertille, disciple soumise de saint Amand, priez pour nous.

Bertille, noble rejeton des premiers rois Francs, priez pour nous.

Agneau de Dieu, qui effacez les péchés du monde, pardonnez-nous, Seigneur.

Agneau de Dieu, qui effacez les péchés du monde, exaucez-nous, Seigneur.

Agneau de Dieu, qui effacez les péchés du monde, ayez pitié de nous, Seigneur.

℣ Priez pour nous, bienheureuse Bertille ;

℟ Afin que nous soyons faits dignes des promesses de Jésus-Christ.

ORAISON.

Faites, nous vous en conjurons, Dieu tout puissant, qu'en retour des honneurs que nous rendons à la mémoire de Sainte Bertille, dont cette église conserve les reliques, nous ressentions les effets de son intercession auprès de votre majesté. Par J.-C. N. S. Ainsi soit-il.

Bertilia, exemplum virtutum, ora pro nobis.
Bertilia, lux contemplationis, ora pro nobis.
Bertilia, contemplatrix altissima, ora pro nobis.
Bertilia, miraculorum gloria illustrata, ora pro nobis.
Bertilia, gloriosum Mareolensium decus, ora pro no-
    bis.
Bertilia, virginitatis purissimæ lilium, ora pro nobis.
Bertilia, divinæ charitatis victima, ora pro nobis.
Bertilia, ferventissimæ devotionis imago, ora pro no-
    bis.
Bertilia, sanctæ Gertrudis filia, ora pro nobis.
Bertilia, sancti Amandi consiliis subdita, ora pro no-
    bis.
Bertilia, regia soboles inclyta, ora pro nobis.
Agnus Dei, qui tollis peccata mundi, parce nobis,
    Domine.
Agnus Dei, qui tollis peccata mundi, exaudi nos,
    Domine.
Agnus Dei, qui tollis peccata mundi, miserere nobis.
℣ Ora pro nobis, beata Bertilia.
℟ Ut digni efficiamur promissionibus Christi.

ORESUS.

Da, quæsumus, omnipotens Deus, ut qui beatæ
Bertiliæ, quæ in hac requiescit ecclesia, memoriam
colimus, ejus apud te patrocinia sentiamus. Per Do-
minum.

TABLE.

7456. — Versailles, imp. BEAU, rue de l'Orangeric, 36.